ÉLOGE FUNÈBRE

DE S. A. R. MONSEIGNEUR

LE DUC DE BERRY.

ÉLOGE FUNÈBRE

DE S. A. R. MONSEIGNEUR

LE DUC DE BERRY,

PRÉSENTÉ

A S. A. R. MGR DUC D'ANGOULÊME.

PAR M. CHOPPIN,

ÉLÈVE EN DROIT DE L'ÉCOLE DE PARIS.

Idem omnium gemitus : neque discernere proximos, alienos, virorum feminarumve planctus.

(TACITE, *Annales*, liv. 3, ch. 1.)

Il n'y eut qu'un seul cri de douleur : parents, étrangers, hommes et femmes, tous ont pleuré sa mort.

PARIS,

ADRIEN ÉGRON, IMPRIMEUR

DE S. A. R. MONSEIGNEUR DUC D'ANGOULÊME.

1820.

ÉLOGE FUNÈBRE

DE S. A. R. MONSEIGNEUR

LE DUC DE BERRY.

---

*Idem omnium gemitus : neque discernere proxi_
mos, alienos, virorum feminarumve planctus.*

Il n'y eut qu'un seul cri de douleur : parents, étrangers, hommes et femmes, tous ont pleuré sa mort.

(Tacite, *Annales*, liv. 3, ch. 1.)

Tels furent les sentiments qui éclatèrent dans tout
l'empire romain, lorsqu'on apprit le sort de Germa-
nicus, enlevé au monde par un affreux attentat. Rome,
l'Italie et les provinces retentirent des gémissements
des peuples. On courut aux pieds des autels, on in-
voqua la vengeance des Dieux, et les voûtes des
temples répétèrent trois fois ces terribles accents :
« Maudit soit, et des Dieux et des hommes, le monstre
« dont la perfidie a ravi à l'Etat sa plus chère espé-
« rance ! Que ses membres soient dispersés par toute
« la terre ! Que sa famille et sa race périssent en dé-
« testant le jour de sa naissance, et que son nom, à
« jamais exécrable, soit en horreur à la postérité ! »

Nous les entendons aujourd'hui retentir autour de nous, ces funestes imprécations : un crime affreux a aussi plongé dans le deuil une nation toute entière, et nous avons à pleurer, comme les Romains, la perte d'un prince adoré. Comme le fils des Césars, il avait signalé son grand cœur dans les champs de la gloire; comme lui il meurt, à la fleur de ses ans, victime d'un horrible forfait. Non, les rivages de l'Italie n'ont pas vu couler plus de larmes que les champs de la France n'en voient couler maintenant. Dans les villes, hors des villes, partout le deuil et la désolation. Si le silence du peuple est la leçon des Rois pendant leur règne, les pleurs et les gémissements du peuple sont aussi, après leur mort, le plus sûr témoignage de leurs vertus. Ah! puisque l'on juge maintenant la vie et les actions de ce fils des Rois, qu'un sort cruel nous a ravi, j'en atteste les larmes de vingt millions de Français, il fut le meilleur, comme le plus regretté des princes. Le riche a pleuré sa mort sous les lambris de l'opulence; le pauvre est venu aussi déposer sur son cercueil l'hommage de sa douleur et de ses regrets; l'Eloquence et la Poésie ont déjà déploré sa perte et célébré sa grande âme. Jeune encore dans l'expérience des hommes et des choses, je viens, après tant d'autres, payer le tribut d'éloges qu'ont mérité ses vertus, et louer avec franchise CHARLES-FERDINAND, DUC DE BERRY.

Quelle étrange fatalité, marquant pour ainsi dire

du même sceau le cercueil et le berceau des princes,
les frappe quelquefois de mort sous le même astre qui
éclaira leur naissance! Né dans ces moments d'agitation où la cour, divisée par l'intrigue, semblait une
arène livrée aux factions des ministres et des courti-
sans, le duc de Berry, en sortant de ce monde, a vu
se renouveler ces mouvements politiques dont ses
yeux, à peine ouverts à la lumière, avaient déjà été
témoins. Le même jour * où la France acquérait, par
sa naissance, un nouveau gage de prospérité, un mi-
nistre puissant (1), cédant aux clameurs de ses ennemis, était menacé d'une chute éclatante. Déjà s'annonçait l'aurore de cette révolution qui, après avoir
rempli sa vie de troubles et d'orages, devait encore,
quarante ans plus tard, le précipiter au tombeau.

L'histoire, toujours avide de faits et de ces actions
décisives qui, dans un âge plus avancé, portent avec
elles l'empreinte des caractères, s'occupe peu ordi-
nairement de l'enfance des princes, et se hâte d'arriver aux temps où le sentiment de leur élévation
leur fait révéler à tous les yeux leurs goûts et leurs
penchants. Dès le berceau, le duc de Berry donna des
preuves d'un naturel ardent et généreux. Vif, emporté, il exerça plus d'une fois la constance de ses gou-
verneurs et de ses maîtres; mais le repentir suivait
de près la faute, et sa bonté touchante faisait oublier

* Le 24 janvier 1778.
(1) Voy. la note 1 , à la fin de cet Éloge.

bientôt les erreurs de sa vivacité. Cette impétuosité naturelle formait un contraste étonnant avec les mœurs tranquilles de son auguste frère, qui, plus réfléchi, et s'instruisant de bonne heure à l'école des grands maîtres, annonçait déjà ce jugement et cette maturité d'esprit qui le font regarder maintenant comme un des princes les plus sages de l'Europe. Une douce amitié resserrait encore entre ces illustres enfants les liens du sang; et chacun d'eux a toujours trouvé dans son frère son meilleur, son plus sincère ami. Les lieux où s'écoulèrent leurs premières années sont pleins de leur souvenir; et l'on s'y rappelle encore l'aimable sagesse de l'un, et l'ardeur inquiète de l'autre.

Ah! c'est ici qu'il faut rendre hommage à cet homme estimable dont les lumières et la patience surent modérer cette fougue du jeune âge, et développer dans son élève les plus heureuses qualités. Attentif à réprimer les mouvements d'une vivacité toujours dangereuse dans l'exercice du pouvoir, et à encourager cette franchise et ces vertus généreuses naturelles au duc de Berry, M. le duc de Sérent semblait un nouveau Fénélon, occupé à préparer à la France un autre duc de Bourgogne. Hélas! son espoir et ses soins, comme ceux du vénérable Mentor, devaient être aussi cruellement trompés!

Pendant que le jeune prince, occupé à mûrir son esprit et son cœur, se montrait digne du rang où Dieu l'avait placé, autour de lui les opinions fermentaient avec force; les peuples, échauffés par les doctrines philosophiques qui s'étaient propagées depuis un demi-siècle, demandaient hautement un nouvel ordre de choses. Vainement la raison et l'expérience voulurent, en soutenant une lutte inégale, retarder le fatal moment. Des bruits sourds et terribles commencèrent à gronder au sein de l'Etat; des secousses multipliées ébranlèrent le corps politique; et bientôt les symptomes les plus rapides et les plus effrayans annoncèrent à l'Europe une grande révolution. Alors retentirent par tout le territoire français les noms de liberté, de gloire, de représentation nationale. Du milieu de la foule sortirent ces hommes nouveaux qui, s'établissant juges entre les peuples et les Rois, éblouirent quelque temps les esprits par leur fausse dignité. Mais bientôt l'Imposture leva le masque; la Licence et l'Anarchie, respirant l'insulte et le carnage, confondirent tous les droits et tous les rangs, envahirent les propriétés, renversèrent les lois, et promenant leur fatal niveau sur les têtes et sur les fortunes, appelèrent la nation à la révolte. On vit l'Ignorance et la Misère, encore couvertes de leurs sales haillons, délibérer sur les intérêts de l'Etat. Législateurs de sang et de désordre, les génies du mal portèrent leurs mains hardies sur les objets du culte et du respect publics, violèrent l'autorité royale; et, après avoir étendu partout le ravage et la profanation, assis enfin sur les débris du trône et de l'autel, osèrent, par une ironie

sanglante, proclamer l'indépendance et la souverai-
neté du peuple, en le chargeant de chaînes et en dres-
sant des échafauds.

Où s'était-elle réfugiée, pendant ces temps d'horreur
et de malédiction, cette famille autrefois l'objet du respect et de l'amour des Français? Quel asile nous ca-
chait ses vertus et ses larmes? Hélas! privée du plus
cher de ses enfants, errante, persécutée, portant partout avec elle le poids de ses douleurs et de ses craintes, elle attendait, sous la main de Dieu, que la justice
divine eût épuisé ses vengeances. Que faisait alors le
jeune prince dont nous déplorons aujourd'hui la perte?
Dès le commencement des troubles *, l'infortuné
Louis XVI, plus inquiet du salut des siens que de sa
propre vie, l'avait envoyé rejoindre à Turin ses
augustes parents. Ainsi son âme s'endurcit de bonne
heure aux maux qui affligent l'humanité : c'est au milieu des révolutions, dans le tumulte des camps et dans
les souffrances de l'exil, que le duc de Berry apprenait
à devenir homme, et à ne pas redouter l'inconstance
du sort.

Cependant ses yeux se tournaient sans cesse vers cette
belle contrée où il avait vu le jour, où ses destinées l'a-
vaient placé si haut, et d'où il était banni par un peuple
dont il n'avait pu encore mériter ni l'affection ni la haine.
L'amour de la patrie brûlait au fond de ce cœur tout

* 1789.

français ; il désirait, il demandait au Ciel le bonheur de la France, et il la voyait en proie aux horreurs de la guerre civile, déchirée par les factions, et inondée du sang de ses habitans. Au milieu de ce funeste spectacle, le fils de Saint-Louis, le monarque légitime, son oncle lui apparaissait au fond d'une obscure prison, entouré de sa triste famille, et livré aux insultes d'une multitude égarée : il entendait les cris affreux des bourreaux qui demandaient leur victime : déjà leurs mains sanglantes s'apprêtaient à consommer leur forfait.......
Aux armes ! s'écriait alors le jeune prince, impatient de sauver son pays et son roi. Aux armes ! répétaient autour de lui mille citoyens fidèles que la haine du mal avait comme lui chassés de leur patrie. A ce cri redoutable, les princes du désordre tremblèrent au fond de leur séjour, la république s'ébranla, et le Rhin vit des deux côtés le sang français couler sur ses rives !

Non, ce n'est point à leur patrie, ce n'est point à leurs frères qu'ils déclaraient la guerre, ces nobles chevaliers du trône, lorsqu'ils vinrent sur les frontières de la France demander compte à des furieux du sang qu'ils répandaient. Pouvaient-ils reconnaître des concitoyens et des amis dans une multitude enrichie de leurs dépouilles, altérée de leur sang, et toute souillée encore du meurtre de son roi ? En vain les apologistes de la proscription ont-ils prétendu que la patrie est le sol, et que c'est trahir la patrie que d'en franchir les limites. Ah ! répétons ici ce que l'éloquence a déjà exprimé tant de fois : « C'est dans « nos devoirs, et non dans nos intérêts que nous de- « vons reconnaître notre pays : la patrie est où se « trouvent la religion de nos pères, l'héritier du roi « de nos aïeux, les lois qui ont reçu nos sermens ! » Oui, ces fidèles sujets que le ridicule et la haine poursuivent vainement, et que leurs lâches détrac- teurs n'eussent jamais imités, pouvaient dire, sur les bords du Rhin, ce que disait autrefois dans les champs de l'Espagne un Romain banni par Sylla : « Nous n'ap- pelons plus France quelques tristes provinces livrées au pillage et à l'anarchie, où la licence exerce impuné- ment ses affreux brigandages, où nos têtes sont pros- crites, et nos droits méconnus. La France s'est réfu- giée dans nos rangs ; elle est toute où nous sommes ! »

Alors se déployèrent ces vertus guerrières qui ont mérité au duc de Berry le nom de Chevalier français : tantôt à la tête des valeureuses cohortes, tantôt se mêlant dans les rangs, il échauffait tout le monde par ses discours et son exemple. Animé par les souvenirs de Berstheim *, de cette fameuse journée où trois générations de gloire et d'intrépidité avaient combattu pour venger la couronne, il attendait avec impatience l'occasion de faire éclater son courage (2). Bientôt les champs de Steindadt le virent signaler sa bravoure im- pétueuse : partout où l'on pouvait acquérir de la gloire

* 2 décembre 1793.

aux risques de sa vie, le Duc fut toujours présent.
Menin *, Mindelsheim **, Biberach *** furent aussi
témoins de ses exploits. Qu'ils devaient être rapides,
ses progrès, dans la guerre sous le héros qui commandait l'armée! Non moins brave que Henri IV,
c'était aussi sous un Condé qu'il faisoit sa première
campagne (3). Ah! faut-il montrer à ses côtés ce jeune
héros, ce rival de gloire qu'il nommait son ami, son
frère d'armes? Rappellerons-nous ici le nom du duc
d'Enghien, dont le front déjà ceint de lauriers devait,
quelques années plus tard ****, se couvrir des ombres
de la mort? O vous, qui les avez vus voler ensemble
au milieu des dangers, dites quelle belle amitié unissait ces deux princes, combien leurs âmes généreuses
étaient dignes de se connaître! Hélas! ils ont succombé
l'un et l'autre sous le fer assassin. Que d'espérances ont
été ensevelies dans leur tombeau! Tous deux ont eu
part à notre admiration, que tous deux partagent nos
regrets.

Cependant la valeur de quelques milliers d'hommes
expirait devant les efforts d'une nation entière animée
par la rage et le fanatisme d'une liberté sanguinaire. Il
fallut renoncer à sauver la France des mains qui la déchi-
raient. L'armée de Condé, contrainte à offrir ses services

* 1794,
** 13 août 1796.
*** 2 octobre 1796.
**** 21 mars 1804.

à une couronne étrangère, versa des larmes sur le sort de la patrie, et alla cacher sa douleur impuissante loin des pays qu'elle ne pouvait délivrer *. Le duc de Berry s'arracha des bras de ses compagnons d'armes, et partit pour Blankembourg, où le mandaient des ordres précis du roi. Mais son courage le rappelait aux combats. Bientôt ** il reparut au service de la Russie, à la tête du régiment de cavalerie noble qui portait son nom. C'est alors que le jeune prince, âgé de vingt ans, se montra aussi docile aux lois d'une discipline rigoureuse que le dernier des soldats (4), tant cette grande âme sentait que c'est en obéissant qu'on apprend mieux à commander ! Qui pourrait le suivre dans le cours de ses exploits, étudiant l'art militaire dans les marches et sur les champs de bataille, s'exposant aux rigueurs des saisons et à tous les hasards de la guerre ? J'en atteste cet habile général (5), dont les armes ont longtemps ébranlé l'Italie : certes il n'eut point dans ses troupes, pendant tout le temps que dura sa mémorable campagne, d'officier plus zélé, plus soumis, plus généreux que le duc de Berry.

Déjà la renommée avait porté dans toutes les cours le bruit de sa valeur ; déjà il s'était rendu à Naples *, où deux souverains avoient préparé son mariage avec la fille du Roi ; mais les hostilités recommencèrent en-

---

* Octobre 1797.

** Décembre 1798.

*** 23 mars 1800.

tre la France et l'Allemagne, et comme s'il ne pouvait se présenter dans le monde aucune occasion de se couvrir de gloire dont le Duc ne profitât, l'armée le vit bientôt à Aibling, sous les ordres de son frère, attendre et demander le combat. Cependant l'armistice conclu avec la république lui arracha les armes des mains (6), et il partit pour la Grande-Bretagne, où s'était retirée son auguste famille. C'est de là que ses yeux se fixèrent, avec ceux de toute l'Europe, sur cet homme étonnant que la fortune montroit déjà au monde, comme un de ces astres sinistres qui apparaissent quelquefois dans les cieux et menacent d'embraser de leurs feux trop voisins la terre épouvantée.

Maître de la révolution qui l'avoit porté dans son sein, fils cruel d'une mère plus cruelle encore, un étranger, trompant à la fois tous les partis et toutes les ambitions, s'acheminait à grands pas au plus beau trône de l'univers. Eblouie par l'éclat de ses victoires, abusée par sa fausse modération, la France crut voir en lui un sauveur et présenta elle-même sa tête au joug du plus affreux despotisme. Déjà, ivre de sa grandeur, le conquérant méditait l'asservissement du monde; déjà, par une éclatante union, il assurait à sa dynastie le brillant héritage de saint Louis et d'Henri IV : mais le ciel ne voulut pas que tant de puissance et tant de gloire devînt la proie d'un aventurier, et que la France obéît à la postérité d'un empereur sorti d'une nation où les Romains ne prenaient point d'esclaves.

Après avoir, au mépris du droit des gens, souillé ses mains du sang royal et du sang innocent, après avoir promené par toute la terre son orgueil et sa folie, épuisé son peuple d'hommes et d'argent, renversé toutes les lois divines et humaines, foulé aux pieds la tiare du pontife et le diadème des rois, enfin soulevé contre lui toutes les passions et tous les intérêts, il tombe cet homme insensé que la fortune avait produit dans un moment de débauche; il tombe, et à peine a-t-il disparu que tout renaît au bonheur, au repos et à la paix.

Revenez, race antique des Bourbons, revenez occuper ce trône que vous avaient légué vos ancêtres : pardonnez aux Français leur coupable égarement. Ah ! c'est vous que leurs vœux secrets appelaient depuis long-temps pour réparer leurs malheurs : revenez, et qu'avec vous reparaissent au sein de la patrie le calme, la liberté, l'amour des vertus et des beaux arts, la gloire des souvenirs, et l'espoir d'un avenir plus glorieux encore.

Le ciel a entendu nos prières : elle nous est enfin rendue cette famille chérie : à peine a-t-elle mis le pied sur le territoire français, qu'un cri d'amour s'est élevé de toutes parts. Qui l'a vu sans le plaindre, sans le chérir, ce monarque vénérable dont le malheur avait fortifié l'âme, loin de la flétrir et de l'abattre ? Qui l'a vue sans l'adorer, cette fille des rois, cet ange de la prison et de l'exil, consacrant tous ses jours à l'exercice des vertus chrétiennes et au soulagement des malheureux? Et ces trois Princes, riches de grâce, de talens et de gloire militaire, n'ont-ils pas aussi attiré nos vœux et notre amour? Comme tout s'animait sur leur passage! comme tous les cœurs semblaient voler au-devant d'eux! Mais c'est sur vous, ô Duc généreux, dont le souvenir fait couler tant de larmes, c'est sur vous que se fixaient nos espérances.

Le duc de Berry, après vingt-quatre ans d'absence, revit enfin * cette terre chérie, dont le nom avait toujours fait palpiter son cœur. Avec quelle joie, quelle émotion il accueillit les officiers qui vinrent le complimenter à Cherbourg : « Chère France! s'écriait-il, « les yeux baignés de larmes, en te revoyant j'ai ou- « blié tous mes maux : ah! nous t'apportons aussi la « paix, le bonheur et l'oubli du passé! »

Partout sur son passage, il laissa des traces du caractère le plus franc et le plus généreux. On a répété les mots touchants qui sortirent de sa bouche; la joie se plaisait à les redire, la douleur les recueille maintenant avec avidité. Il ne se ressouvenait plus de ceux qui avaient combattu contre lui, sa mémoire n'était fidèle que pour lui rappeler des services (7). A sa vue, une douce ivresse remplissait tous les cœurs : le vieillard se croyait revenu aux jours de sa jeunesse; la mère infortunée, dont l'oppresseur avait envoyé les fils à la

* 13 avril 1814.

2

mort, pressait avec sécurité les autres sur son sein ; le soldat lui-même oubliait ses blessures et des souvenirs trop chers à son âme exaltée (8) : un seul cri se faisait entendre autour de lui ; le passé était déjà loin de tous les cœurs français.

Quelle dignité ! quel noble abandon, lorsqu'arrivant aux Tuileries*, après avoir embrassé son père qu'il revoyait enfin dans le palais de ses aïeux, il se jette dans les bras des Maréchaux de France ! Ne semblait-il pas retrouver des amis, des compagnons d'armes dans ces généraux illustres qu'une belle fraternité de gloire élevait ainsi jusqu'à lui ? Le duc de Berry a toujours conservé avec les soldats français cette loyauté, cette familiarité aimable qui révélait en lui un enfant nourri dans les camps et sur les champs de bataille. Mais lorsque le génie de la guerre, fatigué de tant de meurtres et de conquêtes, parut enfin vouloir laisser en repos l'Europe épuisée, c'est alors que le prince déploya ces vertus paisibles dont l'exercice, moins éclatant peut-être que celui des talens militaires, donne aussi une gloire plus douce et plus pure. Diverses contrées de la France l'ont vu tour à tour dans ses voyages toujours affable, humain et bienfaisant(9). Aucun monument des arts, aucun effort de l'industrie n'échappait à ses recherches : tous les genres de mérite obtenaient ses suffrages. Il allait lui-même en-

* 21 avril 1814.

courager l'activité du commerçant et les talens de l'ar-
tiste. Que de larmes il a taries ! que d'espérances il a
ranimées ! Partout il faisait la conquête des cœurs :
quelles douces victoires pour son âme sensible et
généreuse !

Qui l'aurait cru dans ces jours de calme et de sécurité, que les plaies de la patrie dussent encore se
rouvrir ? Le Roi, plein de confiance dans ses ennemis
et d'amour pour son peuple, s'occupait, en lui donnant
une constitution, à établir la liberté publique sur des
bases légitimes ; soudain la Révolution, relevant sa tête
hideuse et agitant ses flambeaux, poussa un cri ter-
rible, et le trône des Bourbons fut encore une fois
ébranlé. Il reparut sur nos côtes *, ramené par la trahison et entouré de prestiges, cet homme impatient
du bonheur des Français ! L'erreur et l'intérêt lui ren-
dirent sa puissance ; et dès ce moment le sang et les
larmes commencèrent à couler de nouveau. Mais la
bonté divine eut encore pitié de nos misères ; quelque temps l'insensé renouvela ses folies et chercha à
éblouir les yeux : bientôt l'Europe entière se souleva
pour le rejeter de son sein ; et le géant, vaincu dans
les champs de la Belgique, ne montra plus à ses par-
tisans désenchantés qu'un aventurier sans courage, in-
capable de régner avec justice et de mourir avec gloire.

La perfidie qui avait préparé le retour de l'étranger, eut soin d'enchaîner aussi la valeur qui pouvait

* 3 mars 1815.

nuire à ses desseins. Le duc de Berry avait d'abord obtenu l'honneur de commander les forces réunies dans la Franche-Comté (10) ; mais les calculs d'une prudence ennemie le retinrent dans la capitale, et il ne put défendre les droits de sa famille. Il fallut la quitter * une seconde fois, cette France que de nouvelles inquiétudes lui rendaient encore plus chère. Habitants des villes qu'il traversa dans sa retraite, rappelez-vous avec quelle fermeté, quelle résignation il supportait sa douleur. Toujours grand, mais plus grand encore dans les revers, il ne souffrait que pour sa patrie qu'il laissait en proie aux discordes civiles et à la tyrannie. A la tête de la maison du Roi et de quelques troupes dévouées, il rejoignit ** S. M. à Gand, où s'était réfugiée une foule de citoyens fidèles. Plus d'une fois il entendit sur son passage les cris de l'insolence et de la rébellion ; plus d'une fois son noble cœur s'enflamma de colère..... mais il épargna toujours le sang français, et cependant la vengeance lui fut toujours facile (11).

Qui peindra les mouvemens de son esprit agité, lorsque le bruit du canon qui soutenait à Waterloo *** la cause de l'Europe entière, vint frapper ses oreilles ? Chaque coup retentissait au fond de son âme et faisait couler une larme de ses yeux, tandis qu'un chef

---

* 20 mars 1815.

** 28 mars 1815.

*** 18 juin 1815.

rebelle calculait froidement sur le champ de bataille combien il lui en coûterait de soldats pour s'acheminer à de nouveaux forfaits. Le lendemain de cette fatale journée, le Roi, dont nous ne saurions trop admirer l'inépuisable clémence, fit donner cinq cent mille francs pour fournir aux besoins des blessés français. Le duc de Berry se chargea de leur porter lui-même des secours ; on l'a vu leur prodiguer sans relâche des soins et des consolations : la reconnaissance arrachait des larmes à ces braves officiers, à ces vieux enfans de la victoire, lorsqu'ils voyaient ce même prince qu'ils avaient méconnu dans leur aveuglement, prêter ses mains royales au soulagement de leurs maux. O vous (s'il en existe encore quelques-uns), qui regrettez au fond du cœur les destinées de l'empire, comparez le despote traînant au carnage des enfants arrachés à leurs mères, pour soutenir au prix de tout leur sang les rêves de sa folle ambition, et cette famille si long-temps persécutée, et toujours dévouée au salut, au bonheur des Français ; voyez d'un côté le Corse sanguinaire, empoisonnant à Jaffa une partie de ses troupes, laissant au milieu des glaces de la Russie trois cent mille Français exposés à toutes les horreurs du froid et de la faim, abandonnant à Watterloo l'armée et ses bagages, pour fuir honteusement : et de l'autre, le duc de Berry entouré des soldats qui la veille repoussaient les Bourbons de la France, oubliant leur révolte pour ne songer qu'à leurs misères, et ne voyant en eux que des Français blessés et malheureux ; comparez l'oubli des injures à la soif du sang, l'humanité la plus touchante à la plus lâche barbarie, et invoquez encore, si vous l'osez, l'insensé que l'Europe a relégué au milieu des mers, comme la peste des hommes et le fléau des empires!

Quelle main va fermer encore les dernières blessures que l'usurpateur a faites à la France? Quel génie bienfaisant calmera la colère des nations, et enchaînera leur vengeance suspendue sur nos têtes? Quelle puissance va relever nos ruines, rendre le repos aux campagnes, la sécurité au commerce, l'espoir à tous les cœurs abattus? Race auguste des Bourbons, c'est encore à vous que nous devrons ces bienfaits! Louis a reparu dans nos murs * : toujours généreux, toujours clément, il pardonne à l'erreur, et ne punit que la trahison. Ses paroles consolantes (12) vont jusqu'au fond des provinces rassurer ses sujets égarés : ce n'est point un juge armé du glaive des lois qui vient exercer des vengeances, c'est un bon père qui ouvre ses bras au repentir de ses enfans. A peine remonté sur le trône, il se hâte d'appeler autour de lui les députés de son peuple pour puiser dans leur sein les conseils de la fidélité. Le duc de Berry fut alors nommé par son oncle pour aller présider le collége électoral du département du Nord. Quel enthousiasme excita dans Lille, dans cette ville toujours si attachée à la fortune royale,

---

* 8 juillet 1815.

la présence du petit-fils de Henri IV *! Quels sentiments d'amour et de respect remplirent tous les
cœurs, lorsqu'il prononça ce discours noble et tou-
chant (13), où retraçant les malheurs de sa famille,
et rappelant à l'assemblée le dévouement qu'elle avait
toujours montré pour la cause des lis, il s'honorait de
sa mission auprès d'elle, et l'invitait à choisir de dignes interprètes de sa pensée, pour aider le monarque
à travailler au bonheur de ses peuples! Chacun en l'é-
coutant admirait cette belle franchise, cette éloquente
simplicité : les fidèles Lillois croyaient entendre le
vainqueur de la Ligue, lorsqu'il jurait à leurs pères une
éternelle reconnaissance (14).

Mais je me hâte d'arriver à cette époque éclatante
qui rendit le duc de Berry encore plus précieux aux
Français, et dont le souvenir augmente aujourd'hui
nos douleurs. La patrie attendait depuis long-temps
que le bonheur de ses enfants fût assuré par la naissance d'un prince qui devînt pour elle le gage d'une
longue postérité de rois. Le Duc se rendit enfin à ses
vœux, et bientôt son union conclue avec une jeune
princesse, que les liens du sang rendaient déjà chère à
nos cœurs, remplit toute la nation de joie et d'espérance. « Puissent mes enfants, répondait-il à ceux
que le vœu général avait chargés de le féliciter ;
« puissent mes enfants trouver comme moi inné dans

* 18 août 1815.

« leur cœur l'amour des Français ! » Quels transports
d'allégresse éclatèrent dans toute la France, à cet heureux événement! Vingt années de guerres, de malheurs et de souffrances, tout était oublié . Le 17 juin
fut un jour de fête pour tous les bons Français. Le 17
juin !.... Grand Dieu! faut-il rappeler ce sinistre pré-
sage ? Le même jour, vingt - sept ans auparavant, des
sujets séditieux annonçaient à leur monarque que le
peuple est le souverain des rois !......

Dès ce moment le duc de Berry, étranger à nos dis-
cussions politiques, et renfermé dans le sein de sa famille, consacra tous ses jours au bonheur de son épouse,
à la culture des arts et au soulagement de l'indigence.
Toutes les sociétés philantropiques avaient en lui un
chef, un protecteur, tous les pauvres le regardaient
comme un père, comme un dieu bienfaisant. Fallait-il
encourager une découverte utile à l'industrie, ou réparer les désastres causés dans les campagnes par l'incendie ou par l'orage, le duc de Berry était toujours
le premier à offrir son appui au talent, ses secours à
l'infortune. Ah! c'est de lui qu'on pourrait dire ce que
disait autrefois Bossuet d'un prince plus fameux dans
les fastes de la guerre, mais moins cher à toutes les
âmes sensibles :

« Qu'il est beau, après le combat et le tumulte des
« armes, de savoir encore goûter ces vertus paisibles
« et cette gloire tranquille qu'on n'a point à partager

« avec le soldat, non plus qu'avec la fortune, où tout
« charme et rien n'éblouit ! »

Et quelle gloire plus douce que celle dont les titres
sont fondés sur le bonheur de ceux qui nous entourent ! Ah ! c'était celle que le duc de Berry préférait
à toutes les autres. Dans la guerre, il s'était distingué
par son courage; dans la paix, il se distinguait par son
humanité.

Mais si jamais on l'a vu déployer toute son activité
pour secourir le malheur, c'est dans ce jour funeste
où l'incendie, qui dévorait un monument des arts,
menaçait d'étendre plus loin ses ravages. A peine a-t-
il appris le danger, qu'il se hâte d'arriver aux lieux
où sa présence peut diminuer les alarmes. Quel feu
dans ses discours ! quelle vivacité dans ses mouvemens ! Au milieu de la foule, entouré de soldats et de
peuple, il donne, il promet des récompenses, il ra-
nime les courages. Mais répandre l'or est le privilége
des riches, et le duc de Berry possède d'autres vertus.
Lui-même il donne l'exemple ; il a pris la place d'un
homme épuisé de fatigue, il joint ses efforts à ceux
des travailleurs..... O bonté admirable ! dès qu'il s'agit
d'être utile, rien n'est au-dessous de lui ; le prince ne
connaît d'autre dignité que celle qui commande le bien.

Plein de zèle dans ces grandes catastrophes, le duc
de Berry remplissait tous les jours, dans l'intérieur de
son palais, les devoirs que s'était imposés son âme généreuse. Dirai-je quel ordre admirable présidait à l'em-

ploi de ses richesses ? Parlerai-je de cette Caisse d'é-
pargne que sa bonté ingénieuse avait établie pour assurer à ses fidèles serviteurs une ressource dans leurs
vieux jours ? Quel charme inexprimable dans cette
prévoyance paternelle ! Et que de pères n'a-t-il pas
conservés à leur famille, que d'enfants n'a-t-il pas
sauvés de la mort, dans ces temps de disette * où le
frôid et la famine semblèrent se réunir pour accabler
l'indigence ? En tout temps, en tous lieux, la valeur,
le talent, la vieillesse, l'enfance même (15) ont éprouvé
son bon cœur. Nouveau Titus, il regardait comme perdu
le jour qui n'était pas marqué par une bonne action.

Quel plus bel hommage que celui que rendit à sa
grande âme le Nestor, le patriarche des braves, lorsqu'il lui léguait, en mourant, l'association des chevaliers de Saint-Louis ! Il savait bien que nul ne mé-
ritait mieux que son élève un si glorieux héritage.
Oh ! combien il dut s'applaudir à ses derniers instants,
en pensant qu'il laissait après lui à la bravoure indi-
gente un protecteur digne de lui succéder par sa valeur
et par sa bienfaisance !

Mais il était encore un bienfait que nous attendions
du duc de Berry. Déjà deux fois la France avait vu
ses espérances trompées : enfin une princesse était
venue, par sa naissance, consoler ces augustes époux,
et la raison d'Etat s'applaudissait du moins de cette

* Année 1817.

heureuse fécondité. Tout nous promettait que nos vœux seraient promptement exaucés : bientôt un jeune prince, élevé sous les yeux de son père, hériterait de ses vertus, de son amour pour la France et de l'amour des Français. Le Duc l'instruirait d'exemple, il lui apprendrait à être juste, humain et généreux : il le guiderait au milieu des batailles, il le conduirait dans le sanctuaire des arts et dans la chaumière du pauvre ; déjà le père, dans son ivresse, enviait à ses enfants le bonheur de vivre sous un roi dont ce bon prince aurait formé la jeunesse.... O nuit à jamais déplorable * ! Au sein d'une paix profonde, quel cri effroyable a soudain retenti ?... LE DUC DE BERRY VIENT D'ÊTRE ASSASSINÉ !... A cette affreuse nouvelle, notre sang s'est glacé dans nos veines, les mains nous sont tombées d'étonnement ; chacun a cru voir la foudre éclater à ses pieds !.... Et il n'est pas mort sur un champ de bataille, ce guerrier magnanime !.... Et il est tombé sous le fer d'un assassin, ce prince bienfaisant !... Fallait-il qu'une si belle vie se terminât par une mort si douloureuse ? Mourir n'était rien pour le héros qui tant de fois avait bravé le trépas dans les rangs ennemis ; mais périr de la main d'un meurtrier, périr de la main d'un Français !!!... O céleste Providence, ne lui réserviez-vous cette dernière épreuve que pour faire briller encore plus à nos yeux son courage héroïque et la grandeur de son âme !

* 13 au 14 février 1820.

Quel est donc ce mosntre qui, dans le délire d'une inconcevable folie, a osé porter une main parricide sur le fils des rois ? Quelle horrible rage, quel sujet de vengeance l'a poussé à cet affreux attentat? Interrogez-le, et il vous répondra : *mes opinions*. Reste impur des brigands dont la justice humaine n'a pas encore purgé la France, qui t'a suggéré ces opinions sanguinaires? Qui a nourri dans ton âme l'idée infernale que la vie d'un prince est assez peu de chose pour être sacrifiée au caprice, à l'erreur d'un sujet? Et à l'instant, mille voix se sont écrié : ce sont les amis de la liberté qui ont soufflé dans son cœur ces funestes doctrines. Quelle triste fatalité, faisant ainsi peser le crime d'un seul sur la tête de plusieurs, nous force à chercher dans les consciences une secrète complicité ? Malheur, s'il en était ainsi, malheur à la nation chez qui l'esprit du mal aurait fait de tels progrès qu'on pût croire que, pour la moitié des citoyens, le crime est devenu un système, le meurtre un principe, le désordre un besoin, la majesté royale un objet de haine ou de mépris! Non, ce ne sont point les maximes libérales qu'il faut accuser de cet horrible forfait, ce sont leurs perfides interprètes qui sont les seuls coupables. La religion a-t-elle armé la main des Ravaillac, des Clément et des Damiens! Est-ce au nom d'un Dieu de paix et de bonté qu'ils plongeaient le couteau dans le sein de leurs rois ? Non, les prestiges et les instigations des ministres impies d'une religion sacrée ont seuls égaré leur esprit. Il n'est point de dogmes si révérés, de sentimens si purs que la perversité humaine ne puisse exploiter au profit de ses passions ou de ses intérêts. N'accusons donc point du crime qui a consterné la France le sage amour d'une liberté légale qui ne veut, ne respire que le repos, la concorde et le maintien des institutions religieuses; n'accusons point l'esprit d'une génération entière qui, s'élevant dans le respect des lois, de la monarchie et de l'autel, repousse avec raison les abus du passé et demande pour l'avenir des garanties qui assurent son existence et ses droits; mais ces hommes qui, nourris dans les troubles et les fureurs de la démagogie, sèment en tous lieux l'inquiétude et la division, cachent sous les dehors d'un faux patriotisme la haine du pouvoir et des rois, portent partout, dans leurs actions et leurs discours, les calculs d'un intérêt honteux ou le délire d'une philanthropie désastreuse; mais ces écrivains factieux qui tous les jours caressent la vanité du peuple, pour abaisser l'autorité royale, altèrent les faits et dénaturent les volontés, égarent la jeunesse par des insinuations perfides, appellent les sujets à la révolte et à l'insurrection: oui, ces perturbateurs de la conscience publique, ces apôtres du régicide, ces artisans de scandale et d'erreur, voilà les vrais ennemis de l'Etat, voilà les meurtriers du duc de Berry!

Mais reportons les yeux sur ce lit de douleur où tant de force, tant de gloire, tant d'espérances luttent vainement contre les approches de la mort. Ah! c'est ici que la simplicité du récit honorera mieux la mémoire du Prince que les vains ornemens de l'éloquence. Les vertus, la constance, la générosité sublimes qu'il déploya dans ses derniers instans n'ont pas besoin de la pompe du style pour exciter l'admiration.

S'il est un moment où l'on puisse juger l'homme dans toute sa faiblesse ou dans toute sa grandeur, c'est, lorsque dégagée des intérêts de la terre et placée sur la limite du temps et de l'éternité, son âme nous apparaît sans voile et sans nuage, prête à retourner dans le sein de son Dieu. Que de fameux capitaines dont les exploits avaient rempli le monde pendant leur vie ont paru, à l'instant de la mort, faibles et au-dessous de leur gloire! O vous qui avez admiré au champ d'honneur la bravoure du duc de Berry, venez le voir, dans ce moment de trouble et de ténèbres, aussi intrépide qu'au milieu des combats. Vous qui avez connu sa franchise, vous qui avez reçu ses bienfaits, venez entendre les paroles de douceur, les aveux magnanimes que profère encore sa bouche expirante. Autour de lui se presse tout ce que la France a de plus illustre et de plus vénérable; son père, son épouse, son frère, ses parens, ses amis, ses fidèles serviteurs environnent en tremblant ce lit funèbre où repose l'objet infortuné de leur amour et de leurs craintes : chacun ose encore espérer en secret.... Lui seul n'espère point, et lui seul est tranquille. Livré tout entier aux épanchemens de la nature, il console son père, il serre dans ses bras son épouse désolée et le gage d'une union si tristement rompue, il demande à voir, à embrasser encore ces vieux amis dévoués à sa personne (16); sa bonté prévoyante recommande aux soins de sa famille tous ceux dont il a éprouvé le zèle et la fidélité. Bientôt sentant diminuer ses forces et le terme fatal arriver, le Prince remercie les gens habiles, dont l'art impuissant s'efforce de l'arracher au trépas : les secours des hommes ne sauraient prolonger sa vie mortelle, il est temps d'appeler les secours de Dieu... Approchez, ministres d'une religion sainte, venez par vos pieuses cérémonies verser dans son âme vos dernières consolations. Ah! vous n'aurez pas besoin d'affermir son courage, la mort ne l'a point effrayé. Mais quels sentimens d'admiration et de respect ont pénétré tous les cœurs, lorsque élevant sa voix mourante, et imposant silence à cette fausse honte qui domine les esprits vulgaires, le Prince confesse hautement les fautes que lui reproche sa conscience. Il s'accuse devant Dieu et devant les hommes; il demande pardon à tous ceux qu'il a offensés! Quelle candeur dans ses aveux! quelle noblesse dans son repentir! Pendant qu'il parlait un morne silence régnait dans toute la salle, les yeux n'avaient plus de larmes, la douleur n'avait plus de sanglots; une lumière pure et céleste semblait entourer le Prince de ses rayons, et l'on eût cru voir à ses côtés Henri IV et saint Louis descendus du haut des cieux pour ravir cette grande âme au séjour de la gloire éternelle.

Mais quelle scène déchirante va renouveler les pleurs et les gémissements! Un prince vénérable s'avance à travers la foule éplorée; il s'est arraché la nuit de son palais; il a vaincu les douleurs d'une maladie cruelle, pour venir rendre les derniers devoirs à son neveu, à son fils chéri. A sa voix, l'illustre victime a soulevé sa tête; le Duc fixe ses yeux déjà éteints sur le monarque infortuné; sa langue peut à peine articuler une parole. Mais tout à coup il a repris des forces : « Grâce, s'est-il écrié, grâce pour l'homme « qui m'a frappé!!!... «Et il retombe dans sa pénible agonie.... Qui oserait ajouter un seul mot à ce mouvement sublime?

Cependant la mort s'apprête à saisir sa proie : une respiration douloureuse annonce seule que le prince vit encore.... Autour de lui l'égarement est au comble... Quelle éloquence dans ce concert de pleurs et de sanglots! Le Duc fait un dernier effort, comme pour dire adieu à tous ceux qui l'entourent..... En ce moment, la fille des Rois se précipite sur sa main glacée... « Mon père vous attend; dites-lui de prier Dieu pour « la France et pour nous.... » Le neveu de Louis XVI entr'ouvre une paupière mourante.... Une main royale lui a fermé les yeux.... C'en est fait! la patrie a perdu son espoir, l'armée un héros, les pauvres un ami.

Venez, ô vous dont les fausses doctrines n'ont

point encore endurci le cœur; jetez un regard sur ce tableau de deuil et de désolation; voyez ces deux princes malheureux, priant à genoux près d'un fils, près d'un frère expirant; cette jeune princesse livrée au plus affreux désespoir, et qu'on arrache avec violence des bras de son époux; ce monarque en cheveux blancs et son auguste nièce, levant au ciel des yeux baignés de larmes; voyez ces généraux, ces magistrats, ces ministres de Dieu, tous accablés d'une douleur profonde. Pleurez avec eux, jeunes Français, pleurez sur ce royal martyr dont la mort a détruit tant d'espérances. Ah! repoussez désormais loin de vous ces conseillers dangereux dont la raison perfide ne s'insinue dans les cœurs que pour y étouffer la vertu. Quelle est cette liberté qu'ils vous vantent, et que l'on ne peut acheter qu'au prix du sang le plus illustre? Malheur à eux! malheur à vous, si vous adoptez leurs maximes! Il est dans les choses humaines une force de bien qui triomphe des révolutions; vainement les passions travaillent pour bouleverser les éléments et entretenir la tempête : le calme renaît bientôt de lui-même, et les auteurs du désordre sont replongés dans le néant, comme ces matières impures qui, dans l'agitation de la mer, paraissent à la surface des eaux, mais qui retombent au fond de ses abîmes, dès qu'elle est rentrée dans son lit.

Et vous, jeune et infortunée princesse que la France avait appelée dans son sein pour y trouver le bonheur, et qui venez d'y rencontrer les horreurs du crime : que les larmes qui coulent maintenant de tous les yeux vous soient une douce consolation. Ah! ne songez point à revoir votre première patrie! Il vous réclame comme sa fille, comme sa bien-aimée, ce peuple à qui vous appartenez par le souvenir et par l'espérance. Oui, quelques jours de bonheur peuvent encore renaître pour vous : priez avec la France, le ciel entendra peut-être nos vœux.

Nous ne te reverrons donc plus, ô prince généreux! Bientôt ta froide dépouille ira rejoindre tes illustres ancêtres. Ouvrez-vous, sanctuaire auguste où dorment neuf siècles de grandeur et de majesté; levez-vous, rois de la terre : vassaux de la mort, sortez de vos tombeaux! Voici venir un des fils de saint Louis. Apparaissez sur le seuil du temple, et venez le recevoir dans vos sombres demeures. Il n'arrive point précédé de la terreur du monde et de l'éclat des conquêtes; on ne porte point devant son char funèbre les étendards des peuples vaincus, ni les trésors des nations. Des soldats, accablés de tristesse, marchant lentement et les armes baissées, des pauvres mêlant leurs pleurs et leurs prières, une multitude où les douleurs et les rangs se confondent, voilà la pompe dont Berry s'est entouré jusqu'au séjour de la paix éternelle. Veille sur nous du haut des cieux, ombre magnanime! que tes regards s'abaissent sur cette France dont tu as plaint le malheur à tes derniers instans (17). Que ta tombe soit ici-bas dépositaire de nos vœux et de nos regrets; et si quelque prince, dans les siècles futurs, vient sous ces voûtes silencieuses méditer sur les devoirs des rois, et chercher au milieu des tombeaux les sublimes inspirations du passé, que ton cercueil, placé entre la dépouille de Louis XVI et les restes du duc d'Enghien, lui apprenne à douter quelquefois de la vertu des hommes; et qu'averti par ce grand exemple de veiller au salut de sa famille, il songe à détourner le bras avant que le coupable ait frappé, plutôt qu'à le punir, lorsqu'il ne sera plus temps de sauver la victime.

FIN.

NOTES.

(1). On lit dans l'*Espion anglais*, tome VIII, lettre V,
à la date du 26 janvier 1778, cette note... « Madame la
comtesse d'Artois est accouchée avant-hier samedi, à onze
heures du matin, d'un prince qui a été nommé *le duc de
Berry*. On ne peut peindre l'affluence du monde qui s'é-
tait rendu à Versailles pour cet événement, et pour celui
de l'expulsion de M. Necker, dont ses nombreux ennemis
accréditaient le bruit..... »

(2) « ...... L'attaque que les républicains firent le 2 décembre sur le village de Berstheim, dit l'auteur *des Mé-
moires sur la maison de Condé*, devint pour l'armée
royale l'occasion d'un des plus beaux faits d'armes qui
aient illustré son héroïque carrière.

« La gelée qui avait raffermi les chemins permit aux
républicains de faire avancer leur grosse artillerie. Après
s'en être servi pour battre les retranchemens de ce village,
comme ils l'avaient déjà fait la veille, ils s'avancent avec
rapidité. Les légions de Mirabeau et de Hohenlohe défen-
dent leur position avec la plus grande valeur ; mais
l'acharnement des républicains semble s'accroître avec
leur nombre, et déjà la victoire paroît se décider pour
eux. Condé saute en bas de son cheval, et mettant l'épée
à la main, se place à la tête de ses deux bataillons de
gentilshommes : « Messieurs, s'écrie-t-il, vous êtes tous
« des Bayards, il faut reprendre ce village ! »

« A l'instant on se précipite la baïonnette en avant aux
cris mille fois répétés de *vive le Roi !* Les maisons, les
rues, tout est emporté en dix minutes, et les républicains
laissent sur la place un grand nombre de morts et de
blessés. Pendant ce temps, le fils et le petit-fils se mon-
traient dignes d'un tel pere. A la tête de la seconde et de
la troisième division de cavalerie noble, le duc de Bour-

bon s'élance sur la cavalerie républicaine, et la pousse devant lui. Un ravin profond se présente : emporté par son ardeur, le prince le franchit, et bientôt se voit entouré avec quelques gentilshommes par une troupe de républicains, il se défend comme un lion, en blesse plusieurs, et est lui-même grièvement blessé. Mais un escadron noble survient, le délivre et met en fuite les ennemis qui laissent encore au pouvoir des vainqueurs deux pièces d'artillerie. Sur un autre point, le duc d'Enghien conduisait au combat les *Chevaliers de la couronne;* presque seul, il s'élance pour enlever une pièce de canon, ses habits sont criblés de balles et de coups de baïonnettes, il fait face à tous ceux qui l'attaquent, jusqu'à ce qu'on vienne le dégager, et ramène la pièce qu'il a prise aux ennemis.

« C'est en apprenant le succès de cette journée, où trois mille émigrés français avaient forcé à la retraite douze mille républicains, et où les trois princes s'étaient battus en héros, que Delille s'est écrié :

> Condé, Bourbon, Enghien, se font d'autres Rocrois,
> Et, prodigues d'un sang chéri de la victoire,
> Trois générations vont ensemble à la gloire.

« L'année suivante (1794), le duc de Berry, âgé de seize ans, vint partager la gloire et les périls de l'armée de Condé. Il arriva tout à coup à Rastadt, où il fut reçu par les braves chevaliers avec tous les témoignages de l'amour et du respect. Dès le lendemain il alla faire avec le prince de Condé la visite des différents postes que les troupes royales occupaient sur la rive droite du Rhin, et quelque temps après l'armée applaudit à sa valeur dans les plaines de Steindadt, où il combattit toujours sous les yeux de son général. On rapporte qu'à cette journée un officier du Génie fut emporté par un boulet de canon entre lui et le prince de Condé. »

(3) Henri IV fit ses premières armes sous son oncle Louis de Bourbon, prince de Condé. C'est de lui qu'il apprit l'art de vaincre, et il combattit à ses côtés dans la

guerre contre les Guises, jusqu'à ce que la mort du prince l'eut rendu lui-même le chef du parti.

(4) L'armée de Condé, en passant au service de la Russie, s'était engagée à en suivre les lois militaires. Un volontaire de la compagnie que M. de M*** commandait ayant commis une faute grave contre la discipline, fut puni suivant toute la rigueur du code russe. M. de M***, en l'annonçant à monseigneur le duc de Berry sous les ordres duquel il servait, se plaignit de cette excessive sévérité; et, déclarant qu'il ne pouvait se soumettre à des institutions qui blessaient la délicatesse des gentilshommes français, offrit au prince sa démission. Celui-ci garda la lettre, et ne fit point de réponse. Le lendemain son corps se mit en marche, et M. de M*** se trouva comme à l'ordinaire à la tête de sa compagnie. Arrivé à la lisière d'un bois, monseigneur le duc de Berry fait faire halte, et emmène dans le bois hors de la vue du régiment M. de M***. A quelque distance, il descend de cheval et invite l'officier à en faire autant. Alors il lui demande s'il est toujours dans l'intention de se démettre de son commandement. M. de M*** répond affirmativement, en protestant qu'il lui est impossible d'obéir à une discipline si rigoureuse. Pourquoi ne vous y soumettriez-vous pas, lui dit le prince, puisque je m'y soumets bien moi-même? Le gentilhomme obstiné réitère ses plaintes et persiste dans sa résolution. Dans ce cas, répond le duc indigné, puisque vous résistez à mes prières et même à mon exemple, mettez-vous en garde, et en même temps il porte la main sur son épée. Interdit et confus, M. de M*** se précipite aux genoux du prince, et lui jure, les larmes aux yeux, une entière obéissance. Eh bien, prouvez-la moi, reprend le duc de Berry, en vous soumettant comme moi. Puis il relève l'officier, l'embrasse, déchire sa lettre de démission, et retourne vers le régiment en s'entretenant familièrement avec lui.

(5) Monseigneur le duc de Berry fit la campagne d'Italie sous les ordres du maréchal Souwarow. Ce grand homme

rendait justice au jeune prince en le regardant comme un de ses plus braves officiers. L'empereur de Russie ayant envoyé en 1800 au prince de Condé la grand'croix de l'ordre de Malte, le chargea d'en décorer aussi le duc de Berry : c'était la juste récompense qu'avaient méritée ses exploits.

(6) Voici la lettre que monseigneur le duc de Berry écrivit le 30 juin 1800 au prince de Condé :

« La nouvelle de l'armistice m'a arrêté ici. N'ayant rien « à faire à Palerme jusqu'au retour de la reine, j'ai obtenu « du roi la permission d'aller faire la campagne avec M. le « prince de Condé. Ç'aurait été pour moi un grand plaisir « de le voir, je lui aurais demandé la permission de la faire « comme volontaire avec mon frere ; je me faisais un bien « grand plaisir de penser au moment où je pourrais me « retrouver avec mes braves compagnons d'armes, aux- « quels je suis si attaché. Une nouvelle qui m'avait paru « très-naturelle, car on me disait que M. le duc d'Enghien « avait fait des prodiges de valeur avec son régiment à « Verderie, m'avait fait hâter encore plus mon départ de « Naples ; et je ne faisais que de changer de chevaux ici, « lorsque j'ai appris cet armistice, résultat des succès in- « croyables de Buonaparte. Nous attendons pour voir ce « que cela deviendra.

« Je prie M. le prince de Condé d'être persuadé du vif « regret que j'ai de n'avoir pas pu le joindre, et lui prou- « ver le sincère et tendre attachement que ses bontés ont « gravé dans mon cœur. »

(7) Pendant que le duc de Berry était à Bayeux, on lui présenta une personne qui avait autrefois servi sous ses ordres, et qui lui demanda : « Serai-je assez heureux, « monseigneur, pour que votre Altesse royale me recon- « nût ?—Si je vous reconnais ! mon cher S***? lui répondit « le prince en s'approchant de lui et en écartant ses che- « veux, ne portez-vous pas sur le front la cicatrice hono- « rable d'une blessure que vous avez reçue à la bataille « de.....? »

(8) Le prince étant dans la même ville, sut qu'il y avait dans les environs un régiment encore attaché à Buonaparte : en vain lui fit-on observer qu'il était peu prudent de s'exposer au milieu de ces séditieux : le duc, malgré toutes les représentations, voulut aller gagner cette troupe à la cause du Roi. « Braves soldats, leur dit le prince en « abordant le régiment, je suis le duc de Berry. Vous êtes « le premier régiment français que je rencontre, et je suis « heureux de me voir au milieu de vous. Je viens au nom « du roi, mon oncle, recevoir votre serment de fidélité ; « jurons ensemble et crions *vive le Roi !*

Les soldats lui répondirent avec transport ; un seul cri de *vive l'Empereur !* se fit entendre. « Mes amis, ce n'est « rien, reprit le duc, c'est le reste d'une vieille habitude. « Répétons encore une fois *vive le Roi !* » Et cette fois le cri fut unanime.

Nous ne rapporterons pas ici tous les mots heureux, tous les traits de bonté par lesquels le duc de Berry se gagna tous les cœurs dans sa route de Cherbourg à Paris. On les a tant répétés, qu'il serait difficile qu'ils pussent être nouveaux pour ceux qui liront cet ouvrage.

(9) Le duc de Berry avait quitté la France dans un âge si tendre, qu'elle lui étoit encore presque tout-à-fait inconnue. Aussi employa-t-il les premiers mois qui s'écoulèrent après sa rentrée, à parcourir diverses provinces. C'étoit un besoin pour son cœur de se faire aimer de tous les Français. Ami des beaux-arts, et encore plus des arts utiles, il examinoit avec soin les produits des fabriques et des manufactures : il applaudissait aux progrès de l'industrie, et encourageait par des éloges et des récompenses le zèle des commerçants. Il visitait aussi les casernes et les hôpitaux militaires, s'informait si le soldat était content, et aimait à s'entretenir avec les officiers. On peut dire que personne ne rendait un hommage plus sincère que lui à la bravoure française. Si on eut à lui reprocher quelques brusqueries dans le cours de ses voyages et dans son séjour à Paris, elles étaient plutôt l'effet de son naturel franc et vif que d'un emportement dangereux. Sa bonté lui

ramenait bientôt les cœurs que sa vivacité avait aliénés, et il faut avouer qu'il avait quelque chose de ce caractère chevaleresque qu'on ne retrouve plus parmi nous. Il partit de Paris le 1ᵉʳ août 1814, et, après avoir visité les départemens du Nord et fait un court voyage en Angleterre, il parcourut les provinces d'Alsace, de Lorraine et de Franche-Comté; il passait en revue toutes les garnisons des places fortes, et les transports du plus vif enthousiasme l'accueillirent partout sur son passage.

(10) Dès que la nouvelle du débarqnement de Bonaparte se fut répandue, le Roi désigna le duc de Berry pour aller prendre le commandement des troupes de la Franche-Comté. Mais les ministres perfides dont le Roi était alors entouré prétendirent que sa présence serait plus utile dans la capitale, et il ne put s'opposer aux progrès de l'usurpateur. Le 8 mars, il visita l'École Militaire et la caserne de Babylone; mais les esprits étaient déjà en fermentation, et sa présence n'excita qu'un faible mouvement. Comment aurait-elle produit de plus vifs transports dans des lieux où la trahison avait déjà séduit les cœurs en réveillant l'inquiétude et la haine par les plus perfides calomnies?

(11) On doit se rappeler ici plusieurs traits que les journaux ont déjà rapportés, en louant la modération du duc de Berry dans ces circonstances critiques. Voici les principaux :

« Entre Abbeville et Beauvais, un officier de Cuirassiers qui se trouvait sur le passage du duc, eut l'insolence de crier *vive l'Empereur !* Les officiers de la maison du Roi voulurent en faire justice ; mais le duc s'opposa à cet acte de vengeance.

Le 24 mars il arriva à Béthune à la tête de quatre mille braves et fidèles Français. Il trouva dans cette ville une troupe d'environ trois cents soldats qui s'étaient déclarés ouvertement pour Bonaparte, et remplissait les rues des cris de *vive l'Empereur !* Il les fit investir de toutes parts, mais ceux-ci n'en continuèrent pas moins à répéter leurs cris séditieux. Le duc, dans un mouvement d'impatience, se précipita seul au milieu de ces furieux, et leur proposa de crier *vive le Roi!* Ils n'écoutèrent dans leur délire ni menaces ni prières. Alors se tournant vers ses troupes fidèles : «Vous voyez bien, malheureux, que nous pourrions « vous exterminer tous, sans qu'il en restât un seul : vivez « tous, et disparaissez! » Un de ces soldats se mit à crier : *vivent l'Empereur et le duc de Berry!* et tous les autres répétèrent ce cri qui unissait la révolte à la reconnaissance.

Quelques instans après, deux cents Lanciers parurent vouloir harceler son arrière-garde au sortir de Béthune : si l'on eût fait volte-face, on aurait pu les écraser facilement; mais le prince s'y opposa, et fit seulement hâter la marche.

(12) Qui n'a pas conservé la mémoire des proclamations touchantes que Louis XVIII adressa à son peuple en rentrant en France pour la seconde fois? Qu'il nous soit permis d'en retracer ici quelques passages :

« ...... Français, j'accours pour ramener mes sujets « égarés, pour adoucir les maux que j'avais voulu pré- « venir, pour me placer encore entre les armées alliées et « la France : c'est la seule manière dont j'ai voulu pren- « dre part à la guerre......

« Revenu sur le sol de la patrie, je me plais à parler de « confiance à mes peuples.... On a parlé, dans les der- « niers temps, du rétablissement des dîmes et des droits « féodaux. Cette fable, inventée par l'ennemi commun, « n'a pas besoin d'être réfutée. On ne s'attendra pas que « le Roi de France s'abaisse jusqu'à repousser des calom- « nies et des mensonges......

« Dans ces derniers temps, mes sujets de toutes les « classes m'ont donné des preuves égales d'amour et de « fidélité. Je veux qu'ils sachent combien j'y ai été sen- « sible ; et c'est parmi tous les Français que j'aimerai à « choisir ceux qui doivent approcher de ma personne et « de ma famille.

« Je ne veux exclure de ma présence que ces hommes

« dont la renommée est un sujet de douleur pour la
« France et d'effroi pour l'Europe. Dans le complot qu'ils
« ont formé, je vois beaucoup de mes sujets égarés et
« peu de coupables !..... » (*Proclamation datée de Cam-
brai le 25 juin 1815.*)

Quelle adresse dans cette bonté qui semble vouloir pré-
venir les craintes, et épargner à l'erreur jusqu'au repentir ! Il ne menace que la perfidie : encore combien son
indulgence n'a-t-elle pas depuis adouci les mesures qu'a-
vaient prises pour lui la prudence et la justice ?

(13) Voici le discours que prononça, le 13 août 1815,
monseigneur le duc de Berry, en ouvrant le Collége
Electoral du département du Nord :

« Le plus aimé de vos rois, Henri IV, après de longues
« guerres intestines, rassembla les notables de son royaume
« à Rouen, et leur demanda des conseils ; ainsi que lui,
« le Roi, mon auguste seigneur et oncle, d'après la cons-
« titution qu'il a donnée lui-même à son peuple, s'adresse
« en ce moment à vous, et me nomme particulièrement
« pour être son organe auprès du département du Nord.
« Je ne parlerai point de leur fidélité aux habitans d'un
« pays, berceau de la monarchie ; je ne remercierai point
« de son dévouement ce peuple qui rappelle si bien ces
« Francs généreux et guerriers, dont il est descendu le
« premier ; je me bornerai à vous dire, Messieurs, que
« le Roi, après vingt-six ans de troubles et de malheurs,
« a besoin d'interroger le cœur de ses sujets, dont il juge
« d'après le sien. Ne pouvant réunir autour de lui tous les
« Français, dont il est, vous le savez, bien moins encore
« le monarque que le père, il vous demande de lui adres-
« ser non ceux de vous qui l'aiment davantage, ce choix
« serait impossible, et vous y voleriez tous, mais ceux
« qui, dignes interprètes de votre pensée, porteront au
« pied de son trône cet oubli du passé, cette connaissance
« du présent, ce coup d'œil dans l'avenir, ce respect pour
« la Charte constitutionnelle, cet amour pour sa personne

« sacrée, enfin cette abnégation de soi-même qui seule
« peut assurer le bonheur de tous. »

(14) Henri IV, en quittant les habitans de Lille dont il
avait éprouvé le zèle et la fidélité, leur avait dit ces paroles remarquables : « Entre nous désormais, à la vie, à
« la mort. »

(15) On sera sans doute bien aise de retrouver ici un
trait déjà cité, qui nous retrace dans le duc de Berry l'aimable familiarité de son aïeul Henri IV, auquel il res-
semblait par sa bravoure, par sa franchise, et peut-être
aussi par ses faiblesses.

Monseigneur le duc de Berry se rendait, il y a quelque temps, à Bagatelle, dans un cabriolet. En traversant
le bois de Boulogne, il aperçut un enfant chargé d'un panier dont le poids excédait ses forces. Il arrête son cheval
et questionne le petit paysan : « Où vas-tu, mon ami ? —
« Mon pere m'envoie à La Muette porter ce panier qu'on
« attend. — Mais il paraît bien lourd, ce panier ; il te fa-
« tigue. — Dam ! sans doute, mon bon monsieur ; mais
« c'est égal. — Donne-le moi, répond le prince, je le re-
« mettrai en passant. — Vous êtes bien bon, ça n'est pas
« de refus. » Le prince fait placer ce panier dans son cabriolet, passe à La Muette, le remet à sa destination,
revient sur ses pas, descend chez le père de l'enfant, et
lui dit : « J'ai rencontré ton fils ; il ployait sous le faix
« dont tu l'avais chargé : je l'ai aidé; son panier a été remis
« tout à l'heure. Une autre fois épargne-lui tant de peine ;
« des fardeaux si lourds altéreraient sa santé ; tu l'empê-
« cherais de grandir. Tiens, achète-lui un âne qui portera
« ses paniers. » Son Altesse Royale donne alors une bourse
au paysan, remonte en cabriolet, et reprend la route de
Bagatelle.

Qui ne s'est rappelé, en lisant cette anecdote, Henri IV
soupant dans la chaumière de Michaud, ou faisant monter
sur son cheval un paysan fatigué ?

(16) « ...... Il demanda à voir M. de Nantouillet, qui

depuis trente ans est le premier officier de sa maison ; en le voyant entrer, il lui dit : « Venez, mon vieil ami, je « veux vous embrasser avant de mourir. » M. de Nantouillet ne répondit qu'en se jetant aux pieds du prince et en les baignant de ses larmes. »

(17) Le duc de Berry, sur son lit de mort, s'écria plusieurs fois : « O malheureuse France !.... »

Nous nous sommes efforcés de rassembler dans le tableau que nous avons tracé de la mort de monseigneur le duc de Berry, tous les faits de cette nuit si belle pour la mémoire du prince, et si déplorable pour la France : il est peu de traits que nous ayions oubliés : quelle que fût la difficulté de les resserrer tous dans un morceau oratoire, nous nous serions fait un scrupule de rien dérober à la gloire de l'illustre victime.

Comme c'est dans les relations familières, et surtout dans les épanchements d'une correspondance intime, que se montrent, le plus à découvert, les goûts et les penchants des hommes, nous terminons ces notes par quelques lettres où la franchise et l'ardeur guerrière du duc de Berry paraissent dans tout leur jour.

Lettre de monseigneur le duc de Berry à monseigneur le comte d'Artois.

Turin, 15 août 1791.

Avec quel plaisir nous avons appris, mon petit papa, la lettre du bon régiment de Berwick, et votre réponse, ainsi que celle de Monsieur! Oh! que n'y suis-je! Je voudrais bien voir ces bons soldats, et me battre avec eux! Je leur dirais, comme notre bon Henri : *Camarades, si, dans la chaleur du combat, vous perdez vos drapeaux, ralliez-vous à mon panache blanc, qui ne sera jamais qu'au chemin de l'honneur.* »

Cette pensée me fait bouillir le sang dans les veines,

mon cher papa. Marchons pour rendre la liberté à notre malheureux roi. Trente-deux officiers, du régiment de Vexin, sont arrivés à Nice, remplis de zèle et de courage; je n'en manque pas non plus, et suis prêt à me bien battre.

BERRY.

(Le prince avait alors 13 ans.)

Lettre de monseigneur le duc de Berry à monseigneur le prince de Condé.

Ham, ce 27 juin 1794.

Monsieur mon cousin, je ne puis vous exprimer la joie que j'ai éprouvée, lorsque mon père m'a annoncé que j'allais servir sous vos ordres; j'ai une bien grande impatience de vous revoir, ainsi que tous les braves gentilshommes que vous commandez; je suis gentilhomme comme eux, et c'est un titre dont je m'honore, et j'espère que vous trouverez en moi la même soumission, et surtout le même zèle.

C'est avec ces sentiments que je suis, Monsieur mon cousin,   Votre très-affectionné cousin,

CHARLES FERDINAND.

Fragments d'une Lettre de Monsieur, comte d'Artois, à monseigneur le prince de Condé.

Edimbourg, 29 novembre 1796.

Vous avez bien justement apprécié, mon cher cousin, tous les sentiments que j'ai éprouvés en lisant votre lettre du 3 novembre, et les pièces qui y étaient jointes, puisque vous êtes content de mon fils; je jouis de sa conduite. . . . .
. . . . Avant de terminer cette lettre, il faut que je vous parle d'un objet qui tient à mon cœur : il paraît que mon fils s'est conduit en joli garçon, et qu'il a du

goût pour les coups de fusil. C'est toujours bon, en soi-même, mais cela ne suffit pas; dans sa position, il faut qu'il réunisse le talent au courage, et se mette promptement en état de servir son roi, et c'est à vous que je m'adresse avec confiance, mon cher cousin, pour que vous employiez toute votre autorité de général, et toute celle que mon amitié a remise entre vos mains, à exiger qu'il occupe tout son hiver à travailler bien sérieusement au métier de la guerre, et à se rendre digne de commencer, l'année prochaine, à conduire des troupes.

Lettre de monseigneur le duc de Berry à monseigneur le prince de Condé.

Blankembourg, ce 27 avril 1797.

Enfin, monsieur, mon frère est arrivé hier. Vous jugerez facilement de la joie que j'ai éprouvée en le revoyant. Ma joie est d'autant plus vive, que notre retour à l'armée sera très-prompt : nous ne devons rester que cinq ou six jours ici, et nous ne perdrons pas de temps en chemin pour revenir. Je fais bien des vœux pour qu'on ne tire pas de coups de fusil pendant mon absence ; mais que cette campagne, qu'on peut bien regarder, je crois, comme la dernière, soit active : je le désire vivement pour mon instruction et pour celle de mon frère ; car je suis bien persuadé qu'il faut que les Bourbons se montrent, et beaucoup ; et que, hors de France, ils doivent commencer par gagner l'estime des Français avec leur amour. Nous avons appris, etc.....

Veuillez recevoir, monsieur, l'hommage du vif empressement que j'ai de me retrouver sous vos ordres, et du sincère et respectueux attachement que je vous ai voué pour la vie.

CH. FERDINAND.

———————

Lettre de monseigneur le prince de Condé au duc de Berry.

Wansted, ce 27 septembre 1802.

C'est avec le plus sensible plaisir que j'ai reçu la marque de souvenir que M. le duc de Berry veut bien me donner. Je suis bien fâché que son indisposition nous prive de sa présence.....

Ce n'est plus à moi, dans la circonstance présente, c'est à vous, qui avez déployé tant de valeur et de génie à relever l'étendard royal, et à nous tous à marcher sous vos ordres, ou sous ceux de Monsieur. Votre extrême jeunesse a pu nécessiter pendant quelque temps l'inconvenance que vous fussiez sous les miens; mais tant qu'il me restera un peu de force, je me ferai gloire d'être votre premier grenadier; et s'il se présente en France quelque lueur d'espoir, vous me trouverez toujours prêt à marcher à votre suite.....

Quel témoignage plus honorable, que celui d'un héros consommé dans le métier des armes, dont le nom seul suffit pour réveiller toutes les idées d'honneur et de fidélité; de celui dont le duc de Berry disait lui-même, en apprenant sa mort : « *Nous avons perdu notre vieux drapeau* « *blanc!* »

Et nous aussi, nous rendrons hommage, avec le dernier des Condés, au talent militaire et aux grandes qualités d'un prince qui cherchait à échapper à sa gloire, et ajoutait à l'éclat de ses vertus le charme de la modestie.

FIN DES NOTES.

De l'Imprimerie d'A. EGRON, rue des Noyers, n° 37.